How to Draw People

Learn How to Draw People for Kids with Step by Step Guide

ISBN-13: 978-1978033795
ISBN-10: 1978033796
Copyright © 2017 Jerry Jones
All rights reserved.

Now, it's your turn

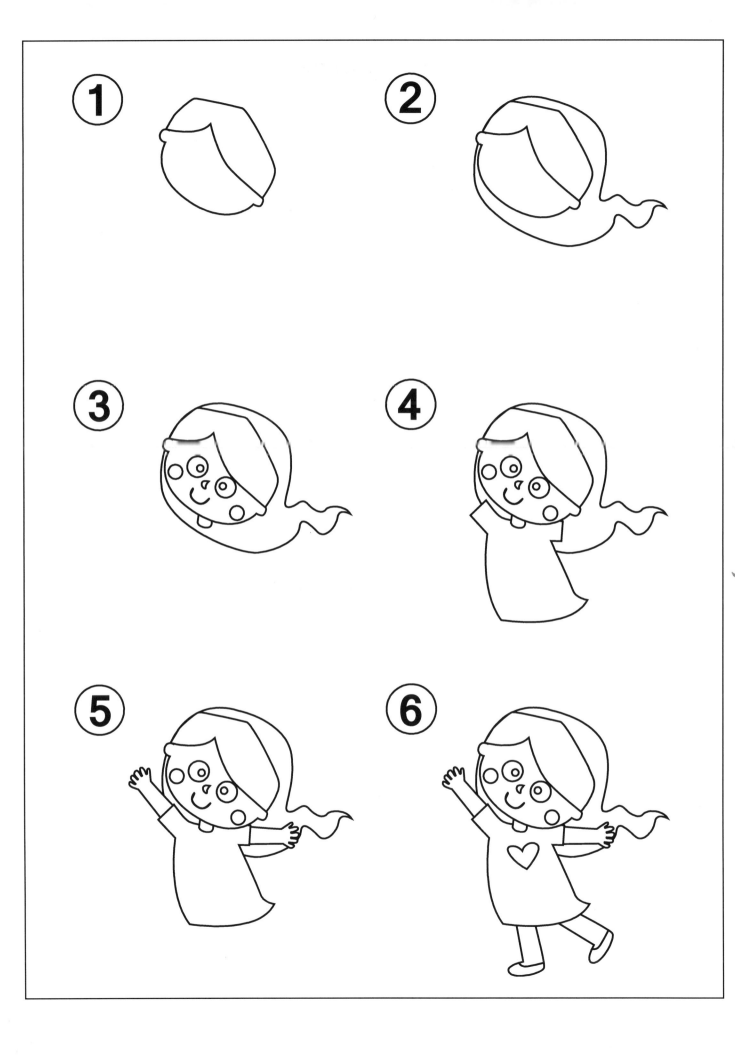

Now, it's your turn

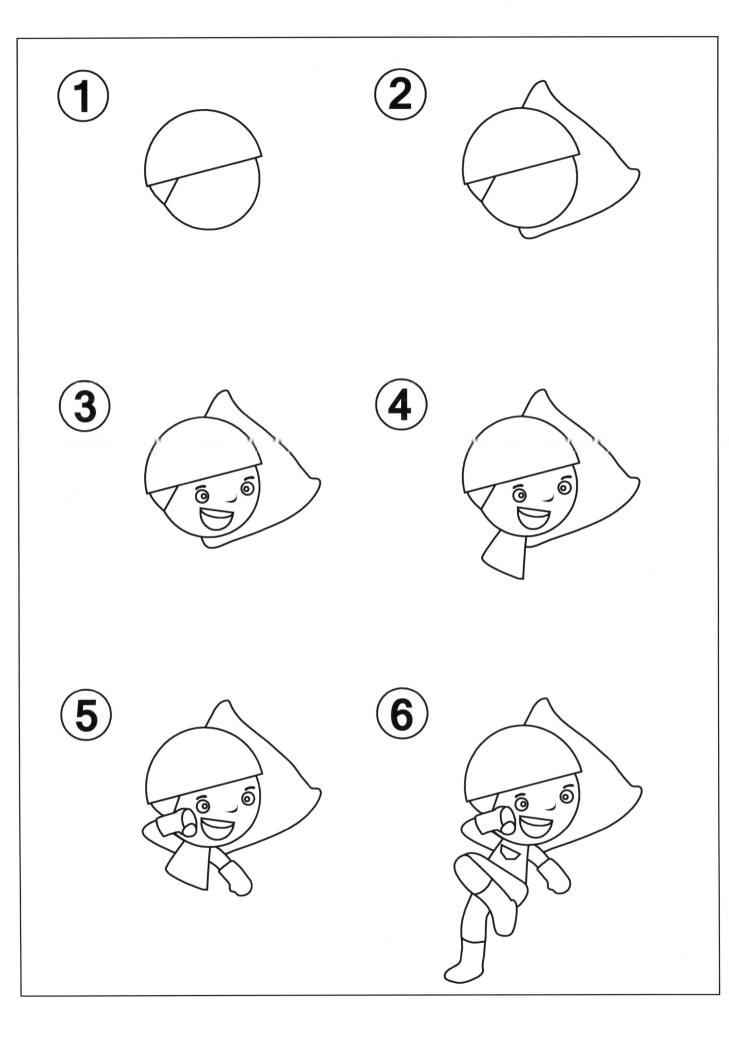

Now, it's your turn

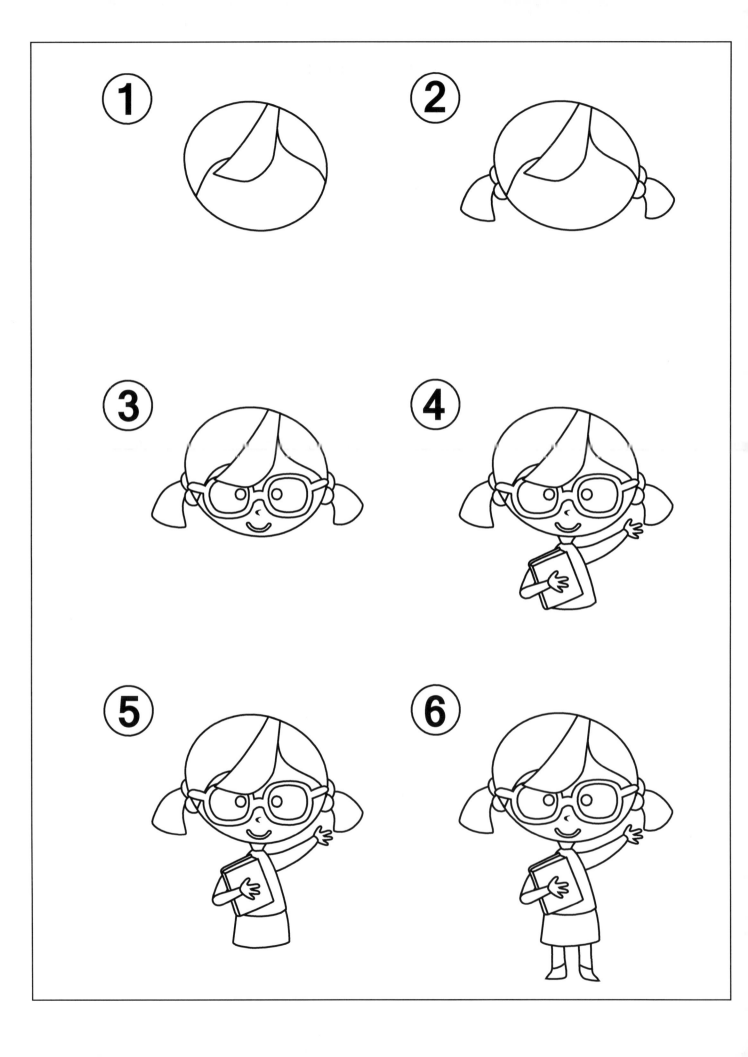

Now, it's your turn

Now, it's your turn

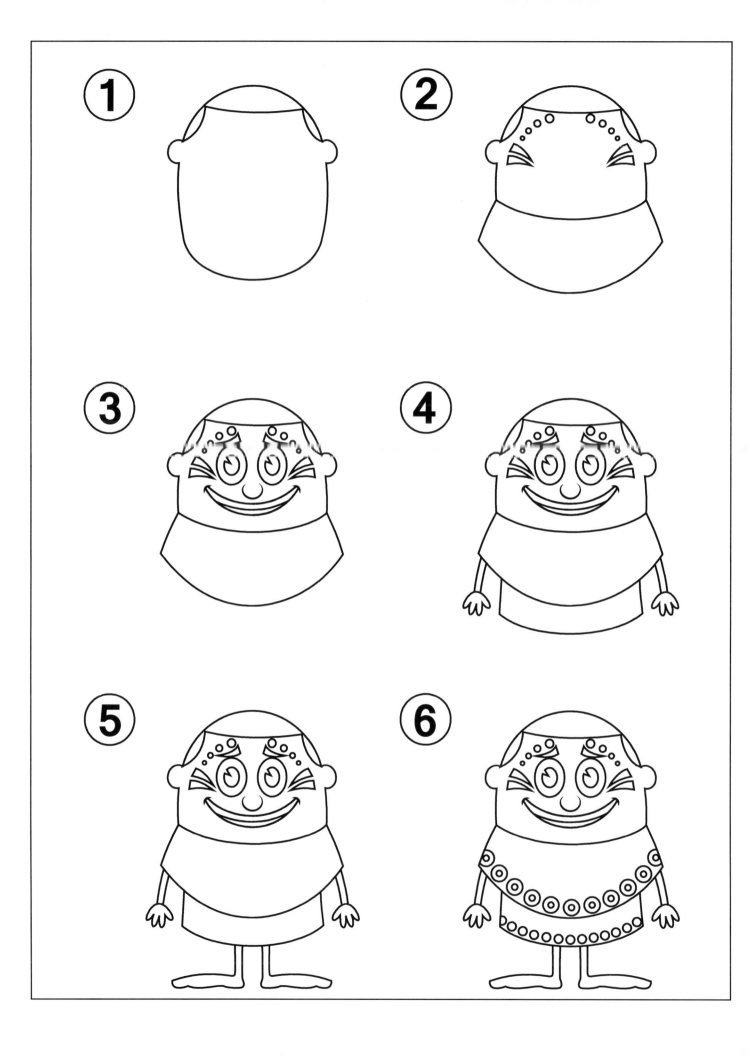

Now, it's your turn

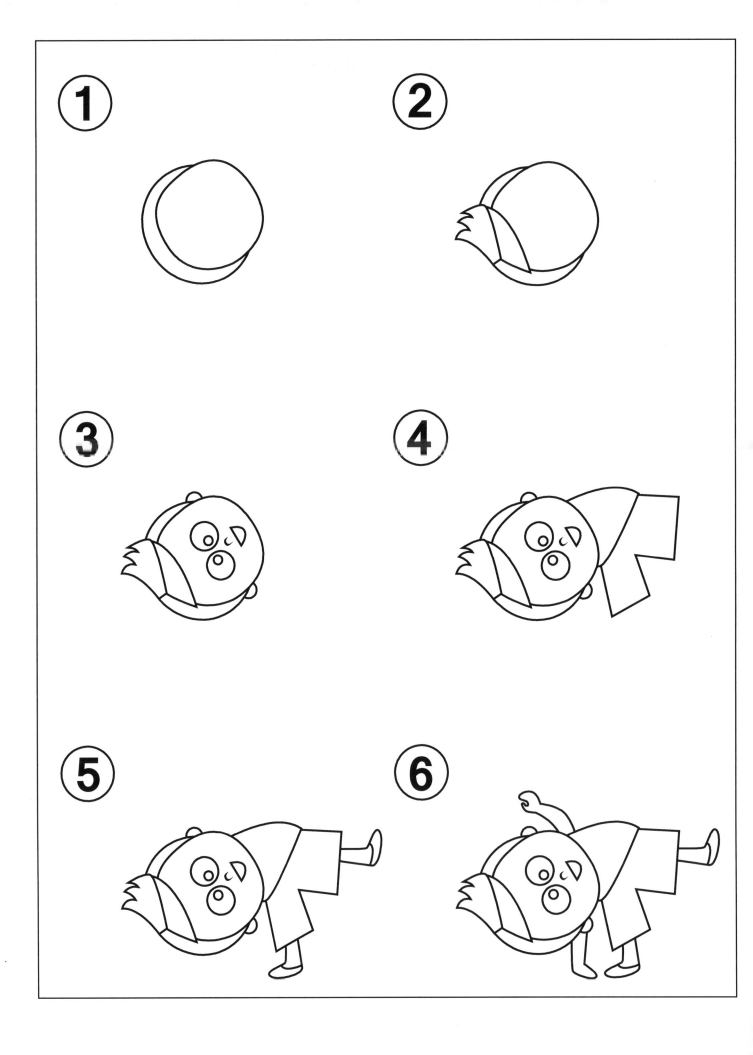

Now, it's your turn

Now, it's your turn

Now, it's your turn

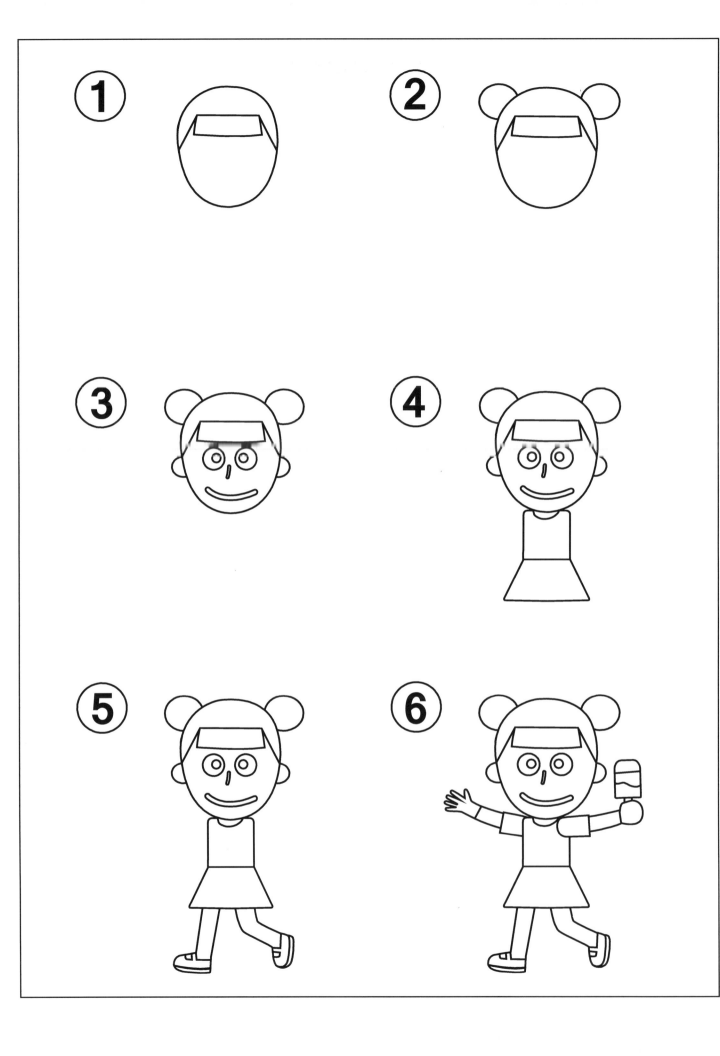

Now, it's your turn

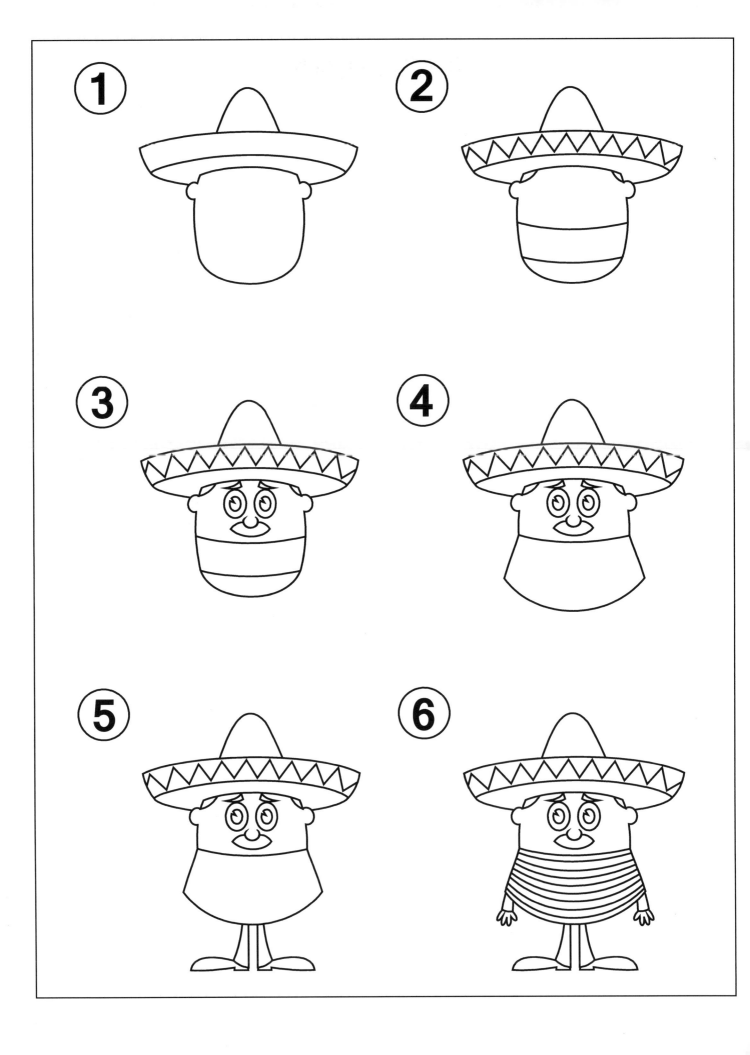

Now, it's your turn

Now, it's your turn

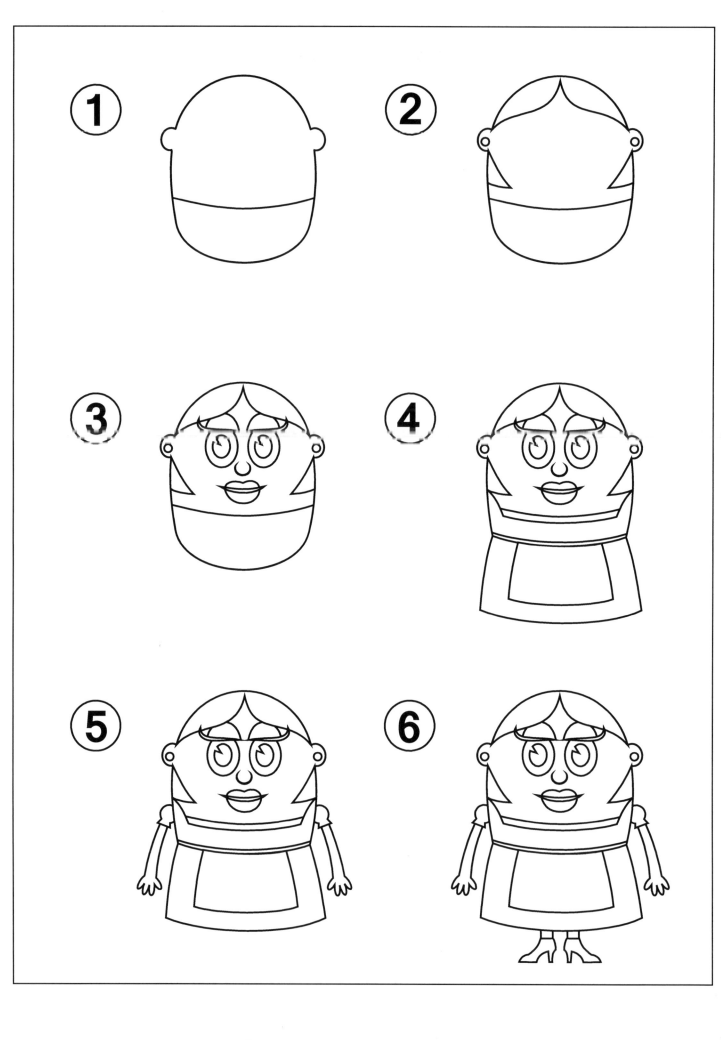

Now, it's your turn

Now, it's your turn

Now, it's your turn

Now, it's your turn

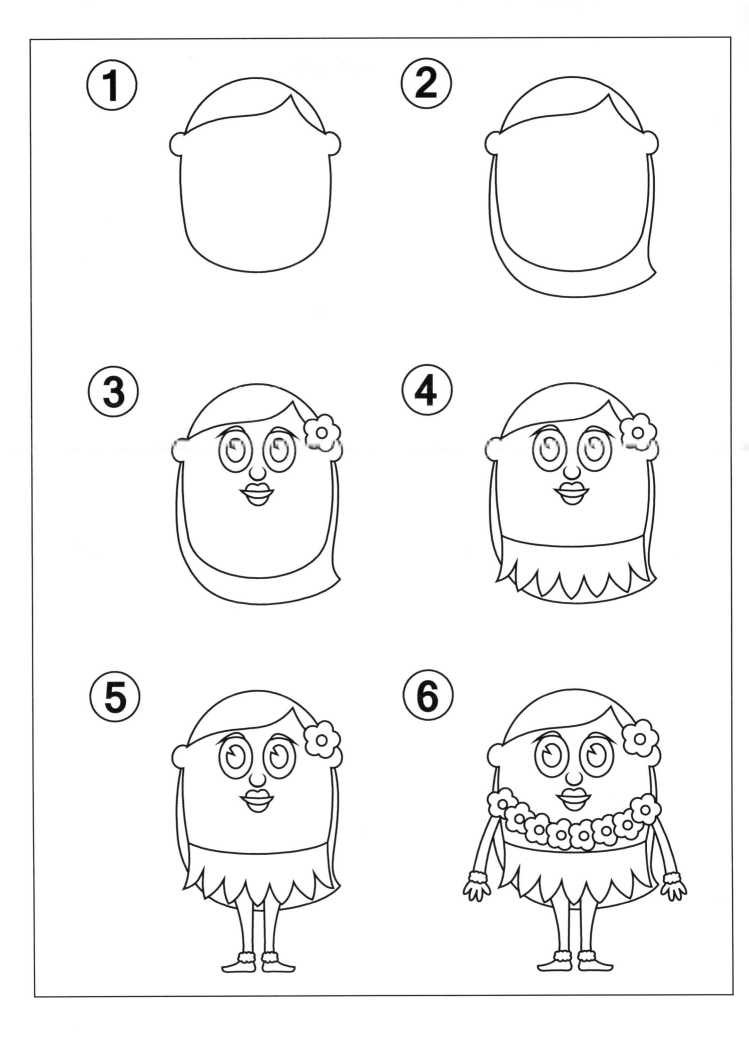

Now, it's your turn

Now, it's your turn

Now, it's your turn

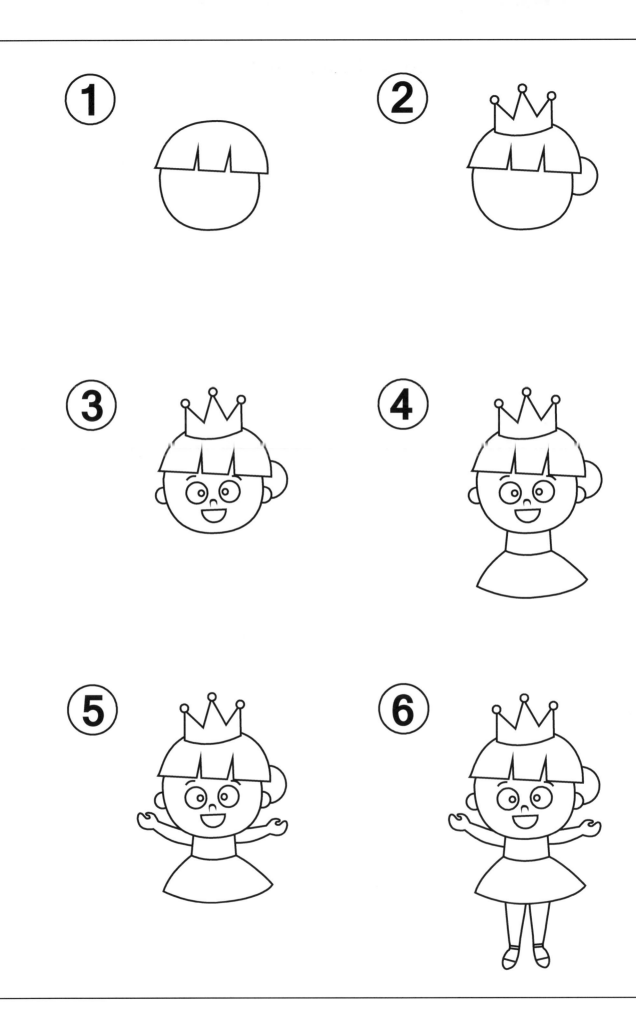

Now, it's your turn

Now, it's your turn

Now, it's your turn

Now, it's your turn

Now, it's your turn

Now, it's your turn

Now, it's your turn

Now, it's your turn

Now, it's your turn

Now, it's your turn

Now, it's your turn

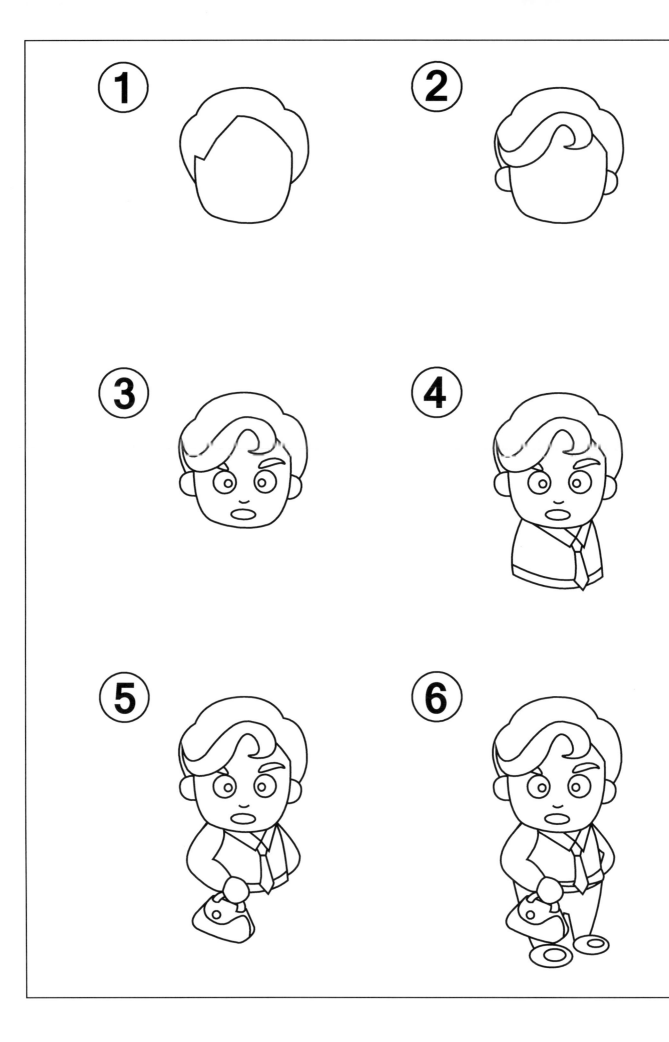

Now, it's your turn

Now, it's your turn

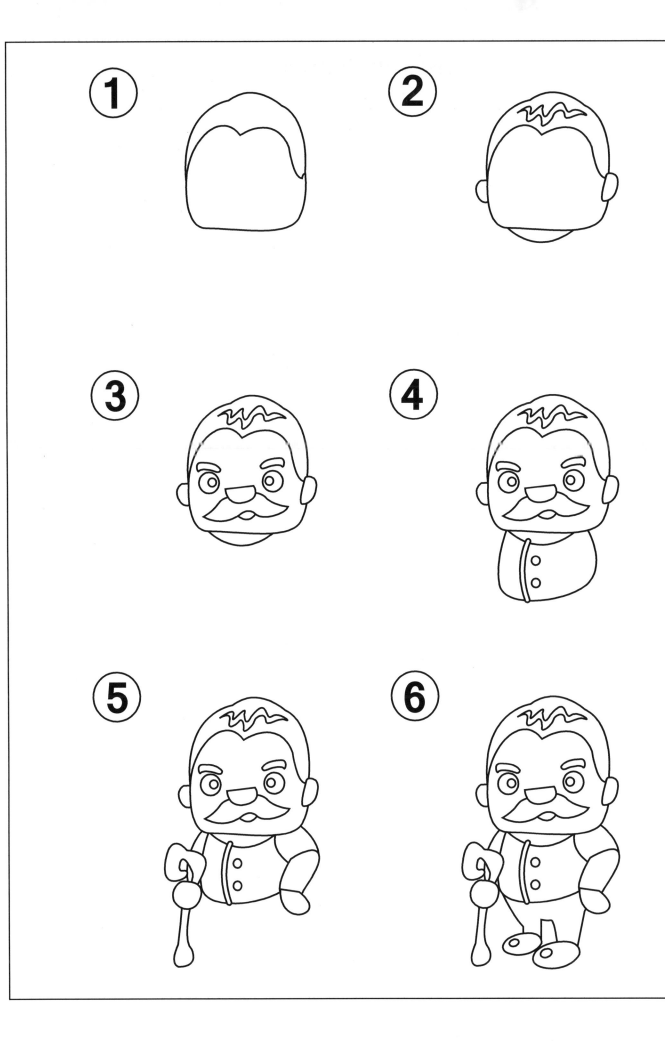

Now, it's your turn

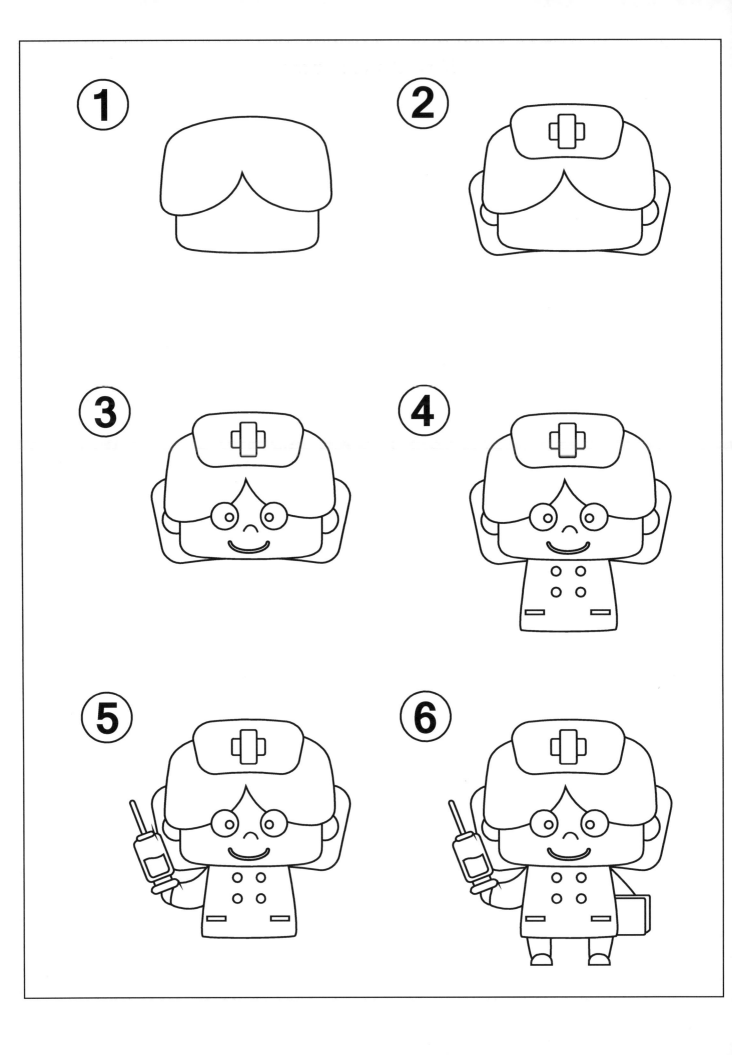

Now, it's your turn

Now, it's your turn

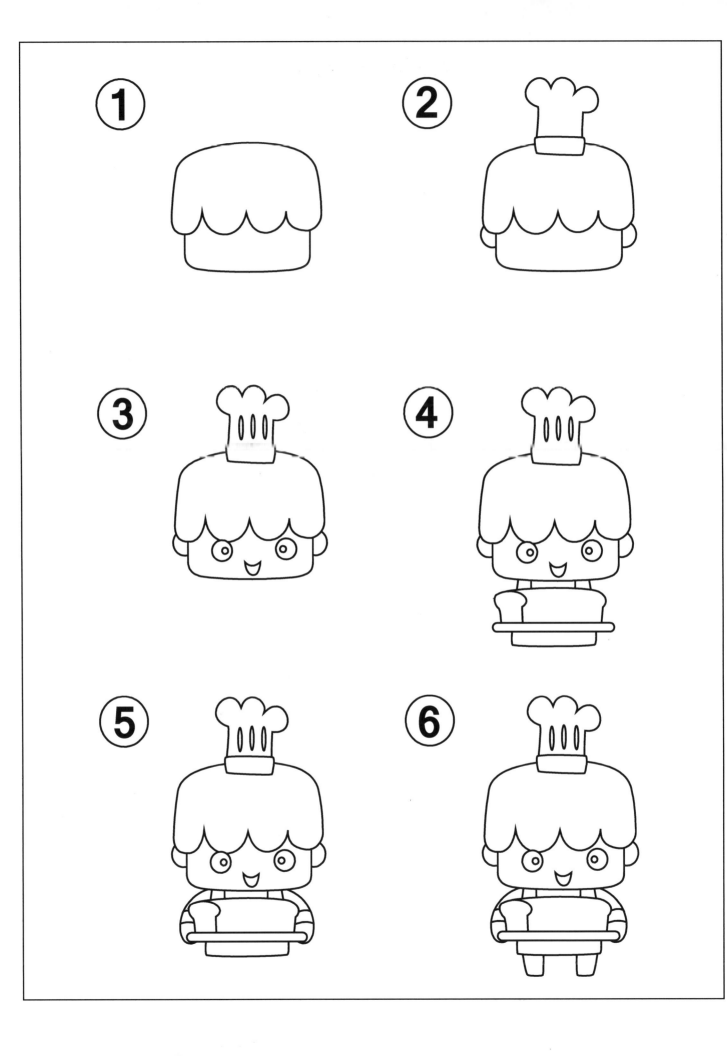

Now, it's your turn

Now, it's your turn

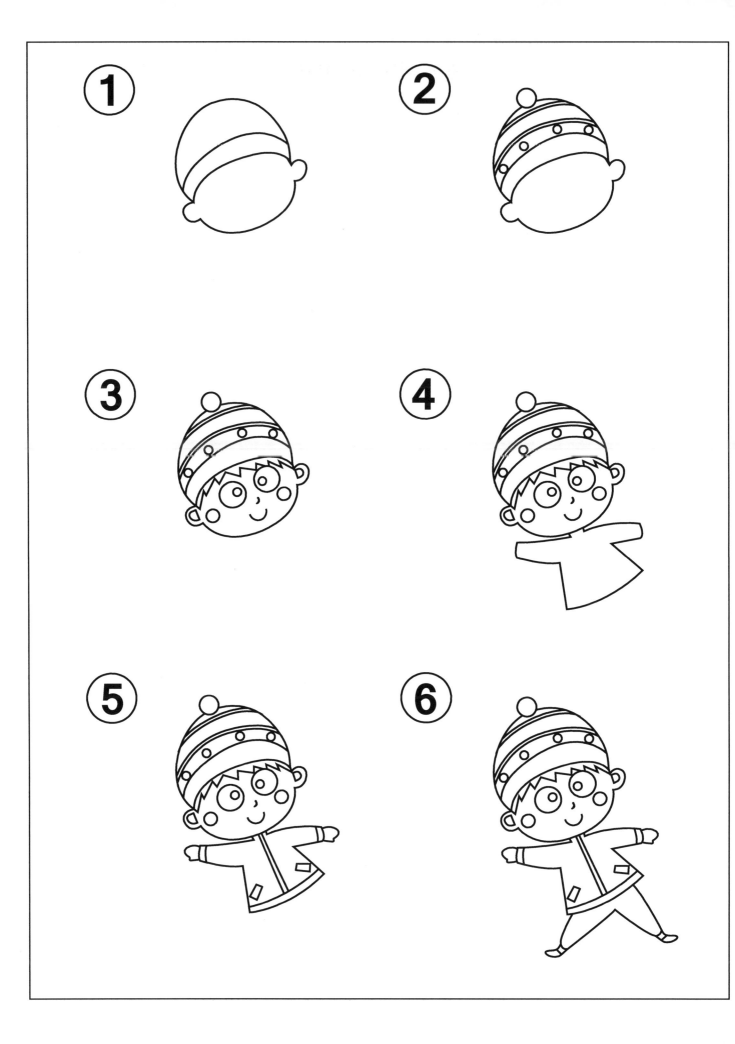

Now, it's your turn

Now, it's your turn

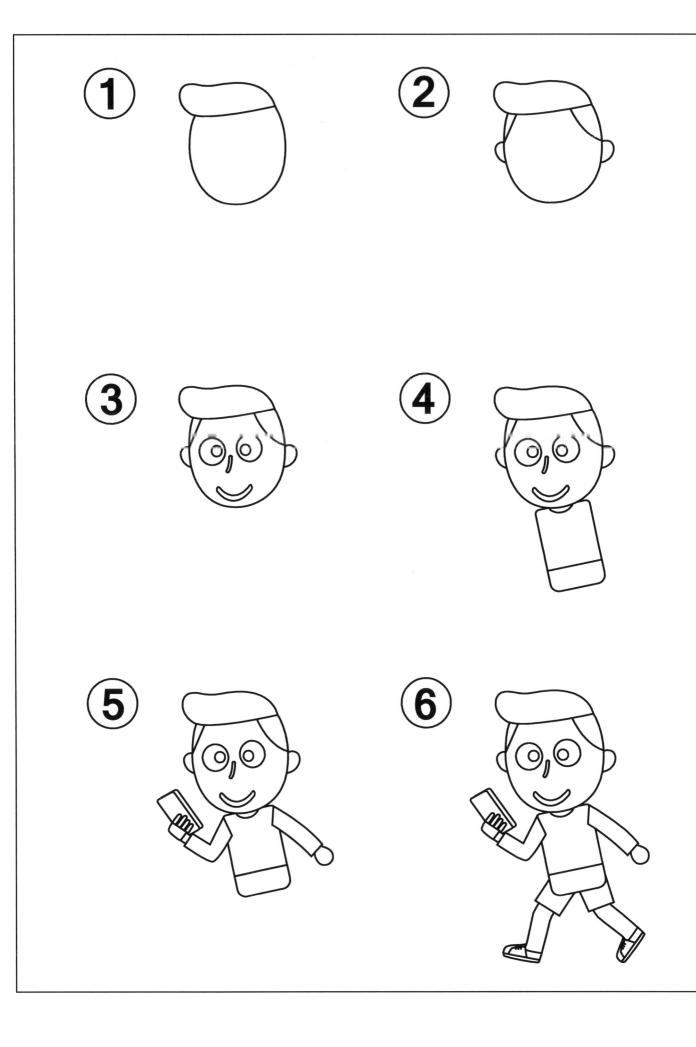

Now, it's your turn

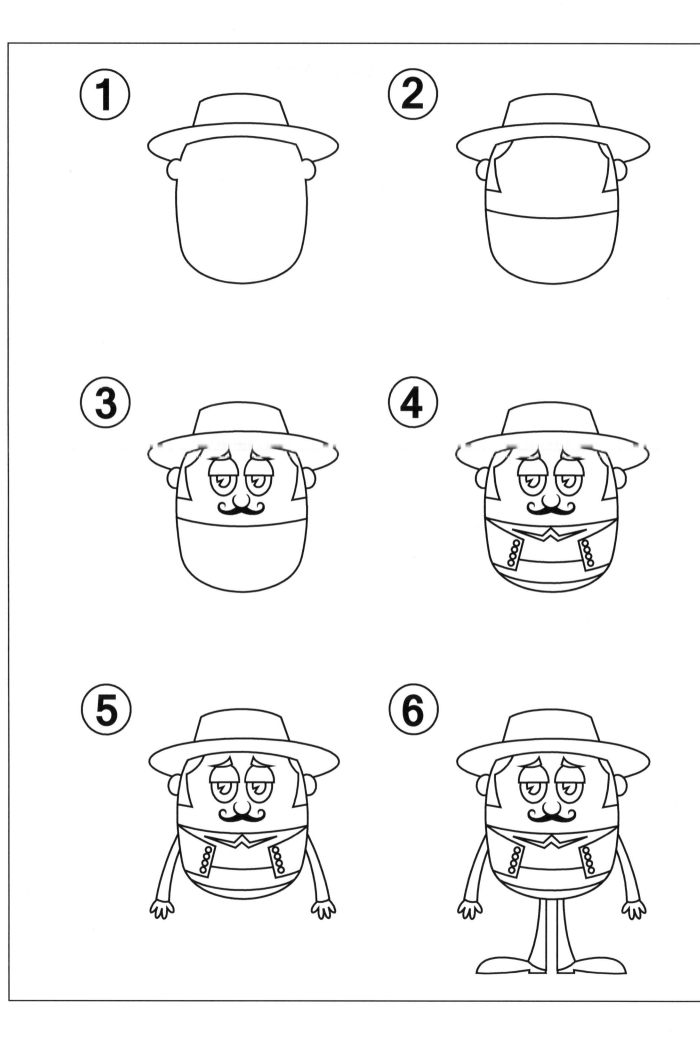

Now, it's your turn

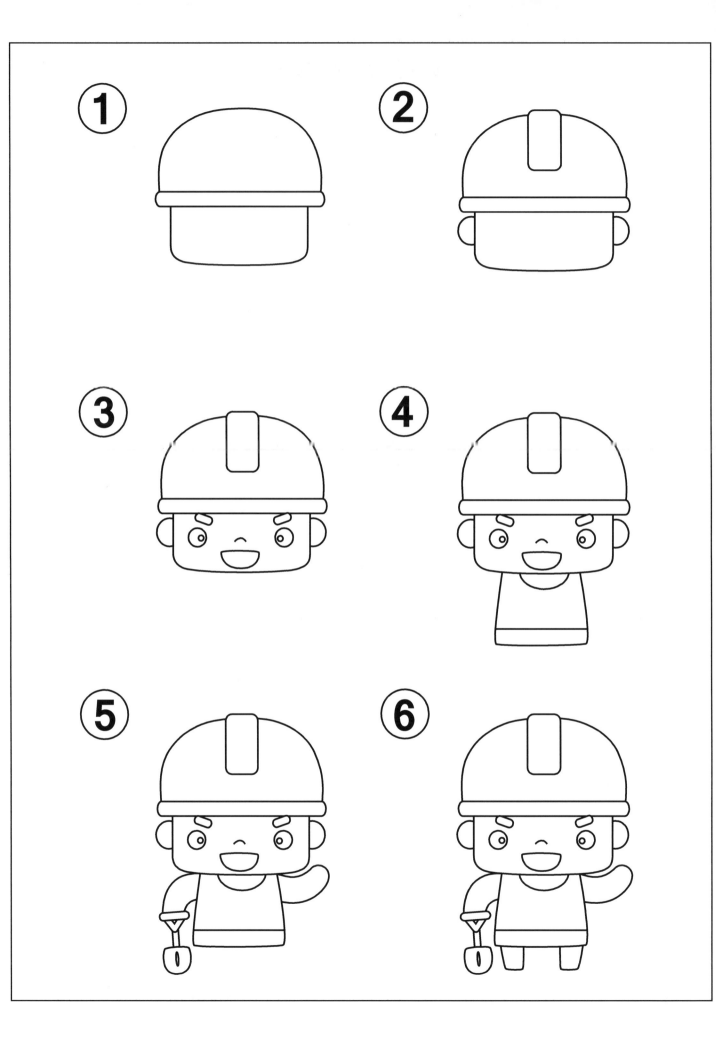

Now, it's your turn

Now, it's your turn

Now, it's your turn

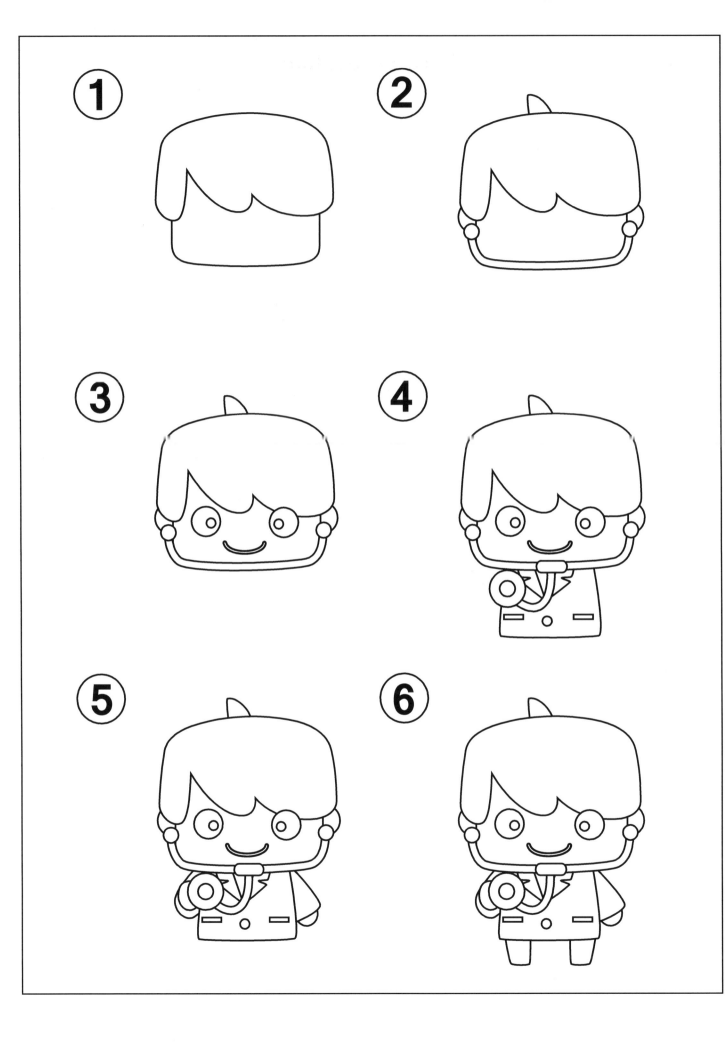

Now, it's your turn

Now, it's your turn

Now, it's your turn

Now, it's your turn

Now, it's your turn

Now, it's your turn

Now, it's your turn

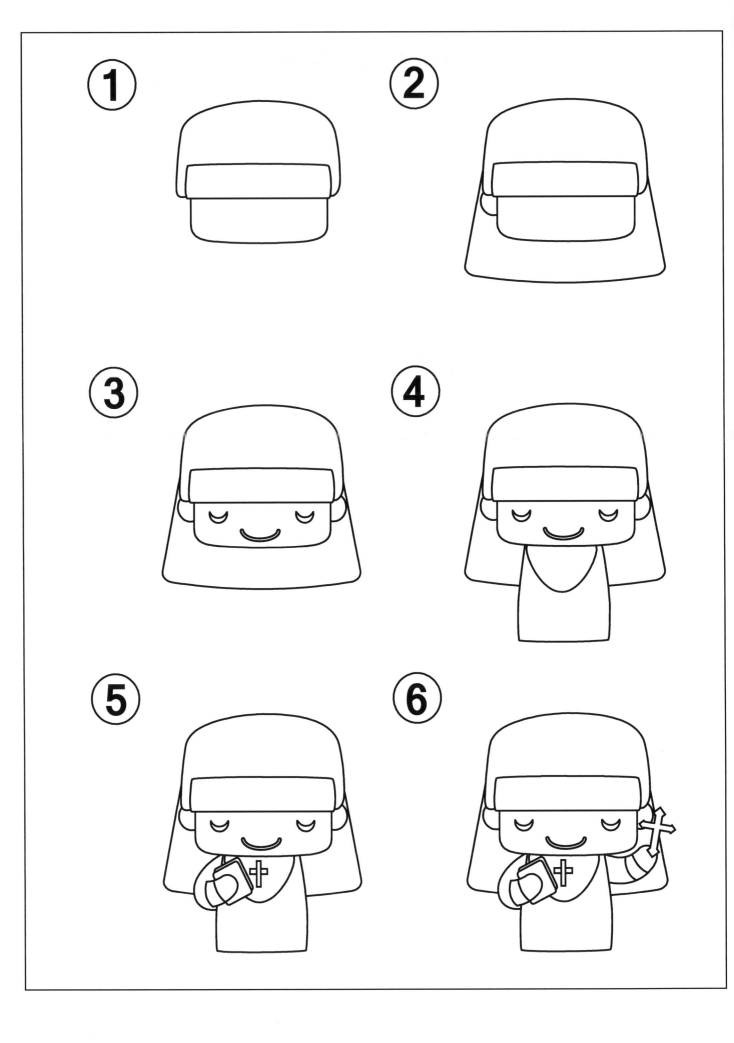

Now, it's your turn

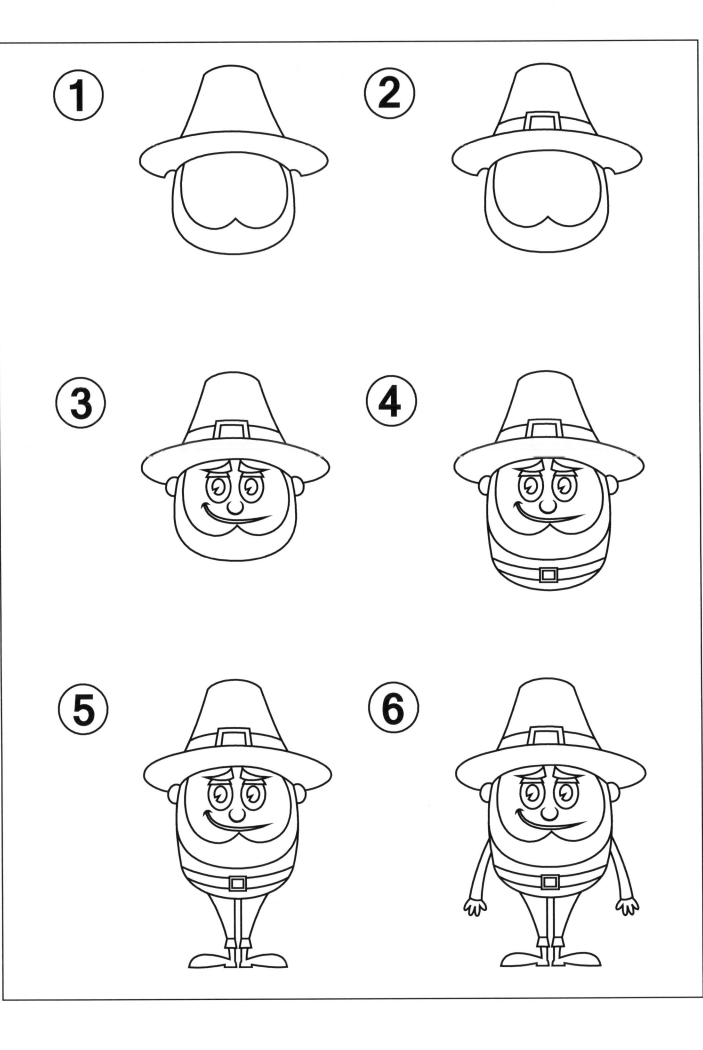

Now, it's your turn

Now, it's your turn

Now, it's your turn

Now, it's your turn

Now, it's your turn

Now, it's your turn

Source Images: Credit to - What's My Name, LOVE YOU, Malchev, Notkoo, Olga1818, Kikoo, Suerz, Annasun-ny24, Jamooh

Made in the USA
Monee, IL
24 August 2019